AF586601

DISCOURS
SUR
L'HUMANITÉ
DES JUGES
DANS L'ADMINISTRATION
DE LA JUSTICE
CRIMINELLE.

PAR M. BERGASSE.

L'humanité eſt un ſixième ſens.
Servan.

AVIS DE L'EDITEUR.

SI je n'avois eu le bonheur de connoître M. Bergasse, au moment où son Mémoire pour M. Kornmann a paru, j'aurois sans doute dit en le lisant, & avec toute l'énergie du sentiment que cette lecture inspire : Je voudrois bien en connoître l'auteur ! exclamation que m'avoit déja arrachée la lecture d'un autre ouvrage de lui, lorsque je ne le connoissois pas encore.

Ce Mémoire, si touchant & si sublime à la fois, où marchent ensemble le génie qui conçoit & développe de grandes choses ; la vertu qui les entreprend & les exécute au milieu d'une foule d'obstacles ; le charme du sentiment, & toute la sagesse de la modération ; ce Mémoire, ou plutôt cet ouvrage immortel, a fait assez connoître les talens de son auteur ; & l'avidité du Public pour se le procurer, en a mieux fait l'éloge que ne pourroit le faire la plume la plus éloquente.

Auſſi ſes adverſaires ont-ils bien ſenti que, s'il étoit aiſé d'amuſer le Public par des épigrammes, des jeux de mots & de perſifflage, il ne l'étoit pas de détruire l'impreſſion que cet ouvrage lui avoit fait ; ils ſe ſont donc bien gardés de l'entreprendre. Mais ils ont tenté d'en enlever la gloire à ſon auteur ; gloire qu'il n'avoit pas cherchée, & qui eſt venue couronner le travail de l'amitié.

Parmi tous les bruits injurieux qu'ils ont tâché de répandre contre M. Kornmann & ſon généreux défenſeur, ils ont eſſayé de faire croire que celui-ci n'étoit pas auteur du Mémoire : ils l'ont attribué à différentes perſonnes, & entr'autres à un Magiſtrat reſpectable, dont le courage & les talens ſont connus. Mais, ni ce Magiſtrat, ni aucun autre n'y ont eu part. M. Bergaſſe eſt l'auteur, & le ſeul auteur de ce Mémoire ;

& ceux qui le connoiſſent ſavent bien qu'il eſt en état de faire, non une plus grande choſe, (car rien n'eſt plus grand que la défenſe d'un ami malheureux; défenſe entrepriſe & continuée au milieu des menaces les plus effrayantes), mais de montrer plus de talens & de génie, ſi, rendu à une ſituation plus tranquille, il entreprend enfin de ſe livrer à toute l'étendue de ſes idées.

Son génie s'eſt annoncé dès la plus tendre jeuneſſe; & dans un âge où la plupart des hommes ont tout au plus du goût pour les choſes d'agrément, il s'occupoit déja des objets les plus ſérieux & les plus importans.

Je crois faire un préſent au Public en lui donnant le diſcours ſuivant, dont j'avois un exemplaire. Ce diſcours a déja été cité par un Auteur de mérite, à qui je dois de le connoître: le ſujet, le nom de ſon auteur, ont également droit d'intéreſſer le Public dans ce moment. M. Bergaſſe avoit vingt-deux ans lorſqu'il l'a fait. La facilité avec laquelle il travaille, lui a ſouvent fait croire que ſes ouvrages n'avoient que le mérite du moment, & il a laiſſé perdre ainſi bien des choſes précieuſes. Sans l'auteur dont j'ai parlé, ce Diſcours auroit été du nombre, & je crois que le Public me ſaura gré de lui procurer ce morceau, peut-être trop peu connu. Il y trouvera cette éloquence douce & perſuaſive que M. Bergaſſe répand ſur tout ce qu'il écrit ; ce charme qui entraîne & gagne le ſuffrage de celui qui le lit, avant même que la réflexion, qui ne marche qu'après le ſentiment, vienne le juſtifier. Il verra que celui qui a fait, à l'âge de vingt-deux ans, un Diſcours tel que celui-ci, eſt bien capable aujourd'hui de faire l'ouvrage qui lui a inſpiré tant d'intérêt & d'empreſſement.

Voici comment s'explique ſur ce Diſcours l'auteur dont j'ai parlé, qui ne connoiſſoit pas alors M. Bergaſſe.

OBSERVATIONS.

J'IGNORE quel eſt l'auteur de ce petit Diſcours. Mais, quel qu'il ſoit, on peut dire qu'il entend bien la métaphyſique des idées, & qu'il s'eſt ſinguliérement pénétré de la maniere du célebre Helvétius. Fineſſe dans les idées, enchaînement clair & profond dans les jugemens, ſtyle coulant & harmonieux, voilà ce qui caractériſe cet Ecrit que ne déſavoueroient pas nos meilleurs écrivains. C'eſt un chef-d'œuvre de bon goût & de philoſophie. L'auteur prétend ỹ prouver que l'humanité ſeule peut engager les juges à acquérir ces connoiſſances qui leur ſont ſi néceſſaires pour ne pas devenir cruels & injuſtes. Si cela eſt vrai, il faut convenir qu'il y a bien peu d'humanité dans tous les tribunaux de l'univers. Il croit encore que l'humanité ſeule peut écarter des juges trois vices funeſtes qui ne dictent que trop ſouvent leurs jugemens: la prévention, l'acception de perſonnes, & l'eſprit de dureté engendré par l'habitude de juger. Avec quelle adreſſe il démêle l'origine de la prévention! avec quelle franchiſe il convient de l'influence des richeſſes

& du crédit dans les jugemens ! avec quelle force il peint les inconvéniens de cette fatale habitude de voir des malheureux ! habitude qui étouffe dans les magiſtrats la pitié, & les accoutume à ſoupçonner des délits par-tout.

L'Auteur eſt magiſtrat (car ce Diſcours paroît avoir été prononcé dans un tribunal, probablement à une rentrée), & cependant il convient que l'eſprit de la profeſſion a conduit ſur l'échafaud une foule d'innocens.

Il loue la conſtitution angloiſe qui a ſagement conſervé le jugement des jurés ; *tant*, dit-il, *on a redouté dans ce pays les erreurs dans leſquelles l'habitude de juger entraîne le magiſtrat.*

. . . .

. . . .

. . . .

DISCOURS

Sur l'humanité des Juges dans l'administration de la justice criminelle.

MESSIEURS,

Si la juſtice eſt le premier devoir du magiſtrat, l'humanité doit être ſa premiere vertu. Qu'il ſoit impaſſible comme la loi, toutes les fois qu'il faudra prononcer entre le puiſſant & le foible, le riche accrédité & le pauvre ſans appui ; mais qu'il ſe garde de confondre cette impaſſibilité morale avec cette dureté de caractere qui repouſſe l'humanité comme une foibleſſe, & qui voit toujours l'injuſtice à côté de la pitié. Si ſon cœur n'a rien ſenti à l'aſpect de la vertu malheureuſe ; s'il a refuſé des larmes au ſpectacle de l'innocence outragée ; s'il n'a pas reçu de la nature cette douce ſenſibilité qui ſouffre dans les maux d'autrui ; qu'il fuie loin des tribunaux de la juſtice ; qu'il porte ailleurs ſa froide & tranquille vertu. Le glaive des loix peut aiſément devenir dans ſes mains une arme criminelle ; & il ſera d'autant plus à plaindre, que, coupable ſans remords, il ne ſaura pas même verſer des pleurs ſur les cendres de ſes victimes.

Oui, ſans l'humanité, la vertu même eſt dangereuſe, & ſes excès ſont à craindre. Que le magiſtrat qui chérit la juſtice, n'oublie donc jamais qu'il faut aimer les hommes, ſi l'on veut éviter l'erreur en les jugeant; que ce ſentiment précieux ſe mêle à tous ſes autres ſentimens; qu'il s'uniſſe à ſa raiſon, pour en prévenir les écarts; qu'il s'y livre ſur-tout, lorſqu'errant dans les ſentiers obſcurs de la juriſprudence criminelle, il cherche, au milieu des ombres de la nuit, le coupable qui redoute la lumiere, & l'innocent qui ſoupire après elle.

Je me propoſe de vous entretenir aujourd'hui, Meſſieurs, de cette partie importante de l'adminiſtration qui vous eſt confiée : je vais détruire des préjugés, combattre des vices, retracer des devoirs: heureux de ne trouver, en m'occupant de ces différens objets, qu'une occaſion précieuſe de rendre un hommage public à vos vertus!

A Rome, l'accuſation d'un citoyen étoit un grand événement: la patrie, qui connoiſſoit toute l'étendue de ſes droits, ne l'en dépouilloit qu'à regret; & ſi quelquefois elle étoit forcée de l'immoler à ſa vengeance, l'appareil du ſacrifice annonçoit aſſez qu'elle alloit frapper une grande victime.

Il n'en eſt pas ainſi parmi nous : ce n'eſt plus dans les aſſemblées du peuple & ſous les yeux de la liberté, que le citoyen accuſé peut ſe défendre; ſeul avec ſon innocence ou ſon crime, il ne lui eſt pas permis d'emprunter une éloquence étrangere, pour ſe ſouſtraire à la peine, où repouſſer la calomnies dès le moment où il eſt dénoncé, le ſilence des loix l'environne, la juſtice le couvre de ſes ombres, & il n'a dautres défenſeur que le magiſtrat même qui doit être ſon juge.

Ainſi, notre légiſlation, en diminuant les reſſources du crime, ſeroit peut-être fatale à l'innocence, ſi elle ne lui avoit préparé des protecteurs vigilans dans ceux qu'elle a choiſis pour être les dépoſitaires de ſon autorité; & c'eſt ici, Meſſieurs, que vous allez juger de toute l'importance & de toute la difficulté de votre miniſtere.

Chez les anciens, les mœurs publiques ſoutenoient le magiſtrat : l'amour de la patrie, le fanatiſme de la liberté, créoient en lui toutes les vertus de ſa place; & pour l'occuper avec diſtinction, il n'avoit beſoin que d'être citoyen & de déteſter les tyrans. Dans nos conſtitutions modernes, les fonctions du magiſtrat ſont moins éclatantes & plus pénibles : nos mœurs, abſolument indépendantes de nos loix (1),

(1) Ceci a beſoin d'explication : les mœurs ſe

ne lui offrent ni les mêmes ressources, ni la même gloire, & cependant il a des devoirs également précieux à remplir.

---

modifient au gré des Gouvernemens; on peut même dire qu'elles sont le produit nécessaire des loix politiques de chaque Etat; ce sont ces loix qui déterminent les rapports des hommes entr'eux; c'est ensuite de ces rapports diversement combinés, que naissent les affections, les habitudes & les préjugés qui les unissent.

'Plus le gouvernement se resserre, & plus l'intérêt qui approche le sujet du souverain s'affoiblit; plus les actions du sujet deviennent étrangeres au souverain, & plus encore les opérations du souverain deviennent étrangeres au sujet.

Ainsi, dans le gouvernement de tous, les hommes sont libres, & les mœurs sont *esclaves*; dans le gouvernement d'un seul, au contraire, les hommes sont esclaves, & les mœurs sont *libres*.

De-là il résulte que les actions du magistrat ne peuvent être également publiques dans toutes les constitutions, & que leur degré de publicité se proportionne naturellement au degré de liberté politique de chaque état.

Dans une république, le magistrat n'agit en quelque sorte qu'en présence du citoyen, parce que pour le citoyen, la patrie, qui n'est autre chose que la réunion de tous les droits de la cité, est un dépôt précieux dont il ne peut se dessaisir un moment sans en risquer la perte.

Dans une monarchie, au contraire, il n'y a aucune dépendance réciproque entre le sujet & le magistrat; celui-ci commande, l'autre obéit; & comme l'état y est toujours distingué du souve-

Que fera-t-il donc pour les remplir ces devoirs ? il remplacera le fanatiſme, quelquefois aveugle de la liberté, par l'amour

---

rain, c'eſt moins l'intérêt qui les unit, que l'habitude qui les rapproche.

Dans une république, l'opinion ſera précieuſe au magiſtrat, parce qu'elle eſt la regle néceſſaire de ſes actions, & qu'elle peut toujours en devenir la récompenſe.

Dans une monarchie, l'opinion porte preſque toujours ſur des objets étrangers à l'adminiſtration. La liberté civile du ſujet n'eſt pas, comme la liberté politique du citoyen, un bien qui n'exiſte qu'autant qu'il eſt commun à tous; on peut bleſſer cette liberté ſans la détruire, & la méconnoître dans un individu, ſans ceſſer de la reſpecter dans les autres; l'intérêt qu'elle inſpire n'eſt pas général. L'opinion publique ne ſera donc pas une reſſource pour le magiſtrat qui en eſt le dépoſitaire; il ne pourra la regarder, ni comme la peine de ſes prévarications qui ſont ſecretes, ni comme la récompenſe de ſes travaux qui ſont obſcurs.

Le magiſtrat d'un état libre a donc moins beſoin de vertu, que le magiſtrat d'un état monarchique: celui-ci, en faiſant le bien, ſera, ſi l'on veut, un homme eſtimé; l'autre peut devenir un homme célebre, & la gloire eſt un mobile bien plus puiſſant que la vertu.

Un moyen de reſtituer parmi nous aux fonctions du magiſtrat tout l'éclat dont elles ſont ſuſceptibles, ſeroit de donner aux jugemens des crimes la même publicité qu'aux jugemens en matiere civile; cette publicité préviendroit ſans doute bien des erreurs. Mais eſt-elle compatible avec les prin-

toujours éclairé de la vertu ; ſur-tout il ne négligera rien pour dévellopper au fond de ſon cœur ce penchant à l'humanité avec lequel nous naiſſons tous, & que nous devons regarder comme le plus utile des dons que nous ait fait la nature. Ce ſera là, ſi j'oſe le dire, toute ſa conſcience ; plus cette conſcience ſera délicate & ſen-

---

cipes de notre gouvernement ? Ceci vaut la peine d'être remarqué.

Un crime n'eſt pas ſeulement une ſimple contravention à une loi, mais un attentat contre la ſociété. Une accuſation criminelle, ſi elle étoit publique, entraîneroit donc toujours ou preſque toujours après elle une diſcuſſion politique. Les diſcuſſions de ce genre ſont néceſſairement éclatantes, parce qu'en intéreſſant la vie & l'honneur d'un ſeul citoyen, elles compromettent le repos de tous les autres ; elles peuvent être dangereuſes, parce qu'il eſt des circonſtances où, pour ſtatuer ſur la vie & l'honneur, il faut traiter des queſtions relatives aux principes du gouvernement.

Le reſpect pour les loix dans une monarchie abſolue, ne peut s'entretenir qu'autant que l'examen en eſt interdit aux ſujets ? là, comme dans un état libre, les loix ne ſont pas garanties par l'évidence, c'eſt-à-dire, par la certitude où l'on eſt qu'elles ſont l'expreſſion de la volonté de tous : elles contraignent, mais ne peuvent convaincre. Si vous en faites un objet de diſcuſſion, vous les dépouillez du caractere d'autorité dont elles ſont revêtues. Accoutumé à entendre ſtatuer publiquement ſur ſes plus grands intérêts, d'après des loix qui ne ſont pas ſon ou-

ſible, & moins il craindra de ſe tromper en s'abandonnant à ſes loix.

En effet, Meſſieurs, & je vais donner la preuve de cette grande vérité : il n'y a que l'amour de l'humanité qui puiſſe faire acquérir au magiſtrat les connoiſſances dont il a beſoin pour juger les hommes, comme il n'y a que cette même vertu qui puiſſe le garantir de l'erreur dans ſes jugemens.

De toutes les connoiſſances néceſſaires au magiſtrat, la plus indiſpenſable, ſans

---

vrage, le ſujet réclamera les priviléges du citoyen ; il analyſera ces loix ; peut-être même portera-t-il un œil curieux ſur les élémens de la légiſlation ; peut-être ſe demandera-t-il d'où vient le droit de punir ou de pardonner. Alors, trop éclairé pour obéir ſans motif, il briſera le joug dont l'habitude lui avoit déguiſé la peſanteur; ou il faudra l'en accabler, & la conſtitution ébranlée dans ſes fondemens, s'appuiera ſur le deſpotiſme, ou s'écroulera dans l'anarchie.

Il y a donc un rapport néceſſaire entre les loix criminelles & le régime de chaque état. Je le dis à regret, ce n'eſt que dans les pays libres qu'elles peuvent acquérir toute la perfection qui leur convient, parce que ce n'eſt que là ſeulement que la perte d'un citoyen peut & doit être une calamité publique.

Ainſi, nos loix criminelles ſont défectueuſes, & il eſt bon de les corriger; mais nous ne devons le faire que ſuivant les principes de notre conſtitution politique, d'autant plus que cette conſtitution convient à nos mœurs.

doute, & celle de l'homme. Sans elle, la sagesse est vaine; sa science ne sert qu'à l'égarer, & les principes dont il charge sa mémoire, ne lui offrent que des précautions dangereuses contre le crime qui échappe à leur application, ou l'innocence qui se refuse à leur sévérité.

Le philosophe qui veut acquérir cette connoissance difficile, dépouille d'abord l'homme de tout ce qu'il doit aux institutions sociales, & le réduisant à sa simplicité originelle, il cherche à découvrir dans l'analyse des premieres facultés de son ame, les principes cachés de ses différentes opérations. Avec un petit nombre de sensations & de besoin, vous le voyez composer successivement toutes les parties de son être moral, enchaîner ses idées, développer ses penchans, créer ses passions, déterminer ses rapports, & après avoir combiné les divers élémens des forces qui agissent sur lui, expliquer les phénomenes qui en dépendent, ou trouver les effets qu'elles doivent produire.

Ce n'est pas ainsi que l'homue doit être étudié par le magistrat; loin de le séparer de la société, c'est dans la société même qu'il lui importe de l'observer. Juge de ses actions, comment en appercevroit-il les motifs? c'est-à-dire, comment distingueroit-il dans chacune d'elles ce qui est l'ouvrage l'ouvrage de la paſſion, de ce qui appartient au caractere, ce qui eſt le fruit de l'habitude, de ce qu'il faut attribuer aux circonſtances; ce qui eſt l'effet des mœurs particulieres, de ce qui eſt une ſuite des mœurs générales (1)? Comment encore, au milieu de ſes déguiſemens, de ſes fuites, de ſes détours, de ſes erreurs, ſaiſiroit-il la marche ſouvent obſcure & toujours ſecrete du cœur humain; ſi plaçant dans l'homme toutes les poſitions où il peut ſe trouver, il ne le ſubordonnoit à tous les événemens dont il peut dépendre?

Le philoſophe dans ſes recherches ne ſe propoſe que la connoiſſance de l'homme

---

(1) J'appelle mœurs générales, cet amas d'opinions, de coutumes & d'erreurs, qui forment le caractere d'une nation; & mœurs particulieres, cet aſſemblage de préjugés, d'inclinations & d'habitudes, qui compoſe le caractere de chaque homme en particulier. Il ne dépend pas de nous de changer le caractere de notre ſiecle ou de notre pays; nos actions même en portent l'empreinte malgré notre volonté; mais il eſt toujours en notre pouvoir d'affoiblir les vices particuliers de notre caractère, ou d'en corriger les excès.

Cette diſtinction entre les mœurs générales & les mœurs privées eſt une des plus importantes régles de la juſtice diſtributive. Deux actions en apparence également condamnables, le ſeront plus ou moins, ſi l'une tient plus aux mœurs publiques que l'autre; & celle qui s'en éloignera davantage, ſera d'autant

en général. L'objet du magistrat est plus particulier ; ce sont les hommes qu'il veut connoître. L'un doit donc plus réfléchir, l'autre plus observer ; le premier peut faire un système, il ne nuira qu'aux progrès des sciences ; le second doit craindre tout ce qui l'approche de l'erreur, il affligeroit l'humanité.

Or, toutes les situations de l'ame ne sont pas également avantageuses à qui veut acquérir cette connoissance importante.

Celui qui voit les hommes d'un œil d'indifférence, ne réussira jamais à les connoître : placé à une trop grande distance de l'objet qu'il doit observer, il en démêlera peut-être avec facilité les traits principaux ; mais les nuances délicates qui les rapprochent, les différences légeres qui les séparent, les points où ils

---

moins vraisemblable, qu'elle sera l'effet d'une cause plus libre & plus particuliere.

Car ce n'est pas la nature seule qu'il faut consulter, pour déterminer le degré de vraisemblance & de moralité des actions humaines. Il faut encore avoir égard aux habitudes sociales que nous avons contractées. Tel fait est probable dans un lieu, qui ne l'est pas dans un autre ; telle action, mauvaise en elle-même, sera bonne d'une bonté relative, si elle s'accorde avec les principes du gouvernement, & les mœurs qu'il fait naître ou les préjugés qu'il autorise.

viennent se diviser ou se confondre, échapperont toujours à sa sagacité. Sa froide raison reconnoîtra l'homme, toutes les fois qu'une cause unique & simple l'aura déterminé; mais lorsque ces causes seront composées, lorsqu'une d'elles ne sera sensible que par son union avec les autres, toutes se refuseront également à la grossiereté de ses opérations; il sera réduit à remplacer par des conjectures le vrai qu'il n'aura pu saisir.

Celui pour qui les hommes sont un objet de mépris ou de haine, est encore moins fait pour les connoître. Le mépris est dur, la haine est cruelle dans ses jugemens; & comme la vérité ne leur plaît qu'autant qu'elle est odieuse, elle est aussi rarement leur partage. Je sais bien qu'il est difficile de rencontrer des êtres assez ennemis de leur espece, pour se livrer sans remords à des penchans si funestes; mais peut-être est-il moins rare qu'on ne pense de trouver des hommes heureusement nés, qui, placés long-temps dans de pénibles circonstances, aient contracté l'habitude involontaire de ne voir les autres hommes que dans le jour odieux où la fortune les leur a d'abord présentés. Que je les plains, ces hommes, si la société leur a confié le dépôt dangereux de ses vengeances! Que leurs préjugés vont les rendre coupables ! Comme à leurs yeux les moindres soupçons se changeront en certitudes cruelles ! Comme les plus légéres vraisemblances deviendront des vérités terribles ! Combien ils auront de peine à distinguer l'intervalle quelquefois si foible, qui sépare l'imprudence de l'erreur, l'erreur du crime, le crime de l'innocence ! Hélas ! il n'est déja que trop facile de confondre toutes ces choses, lors même qu'on n'a que la raison pour guide, & la vérité pour objet.

Voulons-nous, Messieurs, ne nous égarer jamais ? ou, si l'erreur est un apanage nécessaire de notre foiblesse, voulons-nous du moins qu'elle ne nous coûte ni larmes, ni regrets ? aimons les hommes avant de chercher à les connoître : il n'y a que l'humanité qui puisse nous les montrer tels qu'ils sont, parce qu'il n'y a qu'elle qui les voie sans passions comme sans préjugés, parce qu'il n'y a qu'elle qui sache nous inspirer cette utile défiance de nous-même, qui saisit le vrai avec d'autant plus de certitude qu'elle est plus en garde contre les illusions paisibles de l'amour-propre, & les froids sophismes de la raison ; parce qu'elles seule encore peut mettre dans nos recherches ce degré d'intérêt qui fait naître & soutient l'attention, qui produit & dissipe les doutes, & qui ne laisse rien à la vraisemblance, de ce qu'un examen sévère peut lui dérober.

L'intérêt, Messieurs, n'est pas moins la mesure de nos connoissances que de nos actions. Si la nature n'est pas la même pour le spectateur distrait de ses merveilles, que pour l'observateur curieux de ses phénomenes; si elle n'excite dans l'un qu'une émotion passagere & stérile, tandis que l'autre, livré à des réflexions profondes, cherche à deviner le secret de ses opérations, & à remonter aux causes dont il a les effets sous les yeux, c'est que le premier ne voit qu'un objet de délassement & de plaisir, où le second découvre tout-à-la-fois un objet de plaisir, de méditation & de gloire.

Or, combien le magistrat qui aime les hommes, n'est-il pas intéressé à les connoître! Qu'il songe seulement qu'une erreur légére a plus d'une fois suffi pour perdre l'innocence; qu'il réfléchisse sur les maux irréparables que cette erreur peut entraîner après elle. Un pere pleurant en silence sur les cendres d'un fils immolé sous ses yeux, accusant les hommes imprudens ou cruels qui l'ont condamné, attendant, au sein de la misere, qu'une mort désormais trop lente vienne terminer des jours consacrés à l'ignominie; une mere furieuse dans sa douleur, intéressant toute la nature à son désespoir, calomniant les loix & la vertu, s'élevant contre un Dieu qu'elle croit sourd à ses cris, & blasphémant pour attirer ses foudres & hâter sa vengeance ; une épouse infortunée, traînant sur le tombeau de son époux les gages malheureux de sa tendresse ; là, les pressant contre son sein agité, mêlant tantôt ses larmes à celles qui coulent de leurs yeux; tantôt les regardent d'un air égaré, & leur disant avec un sentiment profond d'amertume : Il est mort comme les coupables, & vous vivrez dans l'opprobre : que ces objets sont touchans & terribles ! Si, malgré l'atroce frivolité de nos mœurs, il n'est parmi nous aucun homme assez indifférent pour n'en être pas ému, quels sentimens de terreur & de pitié, quel intérêt puissant n'exciteront-ils pas dans le magistrat dont l'ame sensible obéit sans effort aux douces impressions de l'humanité !

Alors, Messieurs, quelles précautions ne prendra-t-il pas pour s'assurer de la vérité dans ses recherches ? Quelles bornes mettra-t-il à sa curiosité ? Et qui osera fixer un terme à ses connoissances ?

Recueillir les préjugés de toutes les conditions ; s'instruire des maximes de tous les états ; étudier le caractere de tous les âges ; observer la différence morale des sexes ; saisir la maniere de voir

& de ſentir, qui eſt particuliere à chacune de ces diſtinctions primitives, déduire les vertus qui leur ſont propres, ou les vices dont ils peuvent être capables; remonter à l'origine des paſſions; les ſuivre dans leur développement & dans leurs progrès; déterminer leur degré d'influence ſur la volonté; trouver dans les ſophiſmes plus ou moins groſſiers dont elles ſont la ſource, les principes de toutes les erreurs, les élémens de tous les crimes; s'élever tantôt au-deſſus de la région orageuſe des intérêts humains, pour découvrir avec plus d'avantage les lieux où vont ſe former les tempêtes qui la déchirent; tantôt s'abandonner à l'impétuoſité des vents qui l'agitent, pour reconnoître juſqu'à quel point il eſt facile de changer leur direction ou de s'oppoſer à leurs efforts; après avoir multiplié les obſervations, les expériences & les recherches, deſcendre dans ſon propre cœur pour y interroger la nature; ſoumettre à ſon examen les faits nombreux qu'on a recueillis; des réflexions que cette comparaiſon fait naître, extraire tous les principes dont on a beſoin pour parvenir à la connoiſſance de l'homme, & prononcer ainſi d'une maniere certaine ſur la moralité de ſes actions, c'eſt-à-dire, ſur leur conformité ou leur oppoſition avec la loi qui les juge, & qui doit en être la règle : voilà tout ce que doit faire, tout ce que fera le magistrat à qui l'humanité a ouvert les yeux sur l'étendue de ses devoirs & la difficulté de les remplir. Quelque pénible que soit la carriere qui s'ouvre devant lui, ne craignez pas qu'il hésite à la parcourir ; craignez encore moins qu'il s'arrête dans sa course. Un jour peut-être l'innocence aura besoin d'un appui, l'ignorance d'un interprete, la foiblesse d'un protecteur ; & puisqu'il doit être cet interprete, ce protecteur, cet appui, se croira-t-il jamais assez éclairé pour remplir des fonctions si précieuses & si redoutables ?

De-là, Messieurs, lorsqu'il faut constater un crime, cette sagacité rare qui proportionne toujours la grandeur des preuves à la possibilité du délit ; cette habitude de sentir le vrai, qui rejette, comme par un mouvement involontaire, toutes les circonstances qui ne sont pas dans la nature ; cette défiance active, qui, ne négligeant rien de tout ce qui peut dissiper son incertitude, ose douter encore lors même que l'opinion publique commande de croire ; cette prévoyance délicate, qui, dans des recherches en apparence minutieuses, prépare de loin un asyle à la foiblesse, des ressources à l'infortune, & des armes à la vertu.

De-là encore, Messieurs, lorsqu'il faut désigner

déſigner un coupable, cette attention ſcrupuleuſe à s'inſtruire du caractere de l'accuſé, à le confronter avec le crime, ſelon l'expreſſion d'un magiſtrat celebre, c'eſt à-dire, à rechercher ſi le crime convient à ſes mœurs, à ſes relations, & à ſes habitudes : cet art difficile de juger le témoin avant que d'apprécier ſa dépoſition ; de diſtinguer dans le ſimple récit du fait qu'il expoſe, l'intérêt qui ſe déguiſe, du préjugé qui s'aveugle; la crédulité qui s'égare, de la haine qui veut nuire ; le fanatiſme qui cache ſes fureurs, de la raiſon qui expoſe ſes craintes ; la vérité qui n'a qu'un langage, du menſonge qui les imite tous : cet art plus difficile mille fois & plus précieux encore, de reconnoître l'innocence juſques ſous les apparences du crime; de ſauver la vertu de ſes propres piéges ; dans les réponſes d'un coupable, de découvrir les erreurs d'un homme juſte, que la préſence de ſon juge intimide, que le ſpectacle de ſes fers épouvante, & qui, las de lutter contre la cruelle ſagacité des loix, s'abandonne lui-même à toute leur ſévérité.

De-là enfin, Meſſieurs, lorſque la ſociété demande une victime, cette ſage timidité qui, craignant toujours d'excéder la meſure de ſes vengeances, cherche à concilier le moindre châtiment du coupable avec la plus grande utilité publique.

Vous le savez, Messieurs, & une fatale expérience l'apprend à tous les hommes : les vices croissent dans notre ame à côté des vertus ; le feu des mêmes passions les fait éclore ; & quelque différence qu'il y ait entre l'homme juste & le méchant, cette différence est moins souvent le fruit de leur caractere, que l'effet de leur destinée. Tel s'est égaré dans les sentiers de la honte, qui n'auroit jamais abandonné la carriere de l'honneur, si le sort l'avoit placé dans des circonstances moins funestes.

Voyez cette famille indigente, mais laborieuse, cultiver en paix le foible héritage de ses peres ; heureuse dans sa pauvreté, elle ne connoît ni les besoins impérieux de la misere, ni l'inquiete oisiveté de l'opulence. Chaque jour ramene pour elle les mêmes occupations, les mêmes devoirs ; & il n'est aucun des liens qui l'attachent au travail, qui ne l'enchaîne à la vertu.

Que la fortune cesse un moment de respecter sa foiblesse ; que l'intérêt, dont le repos n'est qu'un piége, s'éveille pour dévorer ses paisibles possessions, hélas ! qu'est devenu l'asyle des mœurs & de la pauvreté laborieuse ? Quelles vapeurs sombres s'élevent du fond de ces ames si pures, si tranquilles ? Semblables à ces liqueurs bienfaiſantes qui ne s'exaltent que pour ſe convertir en poiſons, elles ne fermentent au ſein de la douleur, que pour ſe dépouiller d'une pitié déſormais inutile ; la main du déſeſpoir arrache de ces cœurs déchirés le germe de toutes les vertus ; la cruelle néceſſité leur montre, en frémiſſant, la route des forfaits ; & dans l'affreux délire auquel ils s'abandonnent, ils n'écoutent que la vengeance, & ne rêvent que des attentats.

Voilà les crimes du pauvre, voilà l'hiſtoire de preſque tous les crimes. Il eſt un point au-delà duquel nos plus doux ſentimens deviennent des paſſions effrénées ; ce point où la vertu finit, où le crime commence, la douleur l'efface dans les ames ſenſibles ; le beſoin dans les ames foibles ; & c'eſt preſque toujours la fortune qui prépare à la juſtice les victimes qu'elle immole ſur ſes autels.

Sans doute, & je me hâte de le dire, Meſſieurs, ſans doute il n'appartient qu'à la loi d'être la diſtributrice, comme la dépoſitaire des peines. Nul homme ſur la terre n'a reçu de la ſociété le pouvoir d'en punir arbitrairement un autre ; &, dans les principes du droit politique, le magiſtrat, quel qu'il ſoit, n'eſt que le premier témoin de la condamnation d'un accuſé. Mais, puiſque notre légiſlation eſt encore imparfaite, puisqu'elle abandonne bien souvent à toutes l'incertitude de l'opinion, le choix & la mesure de ses vengeances, & sur-tout, puisque dans le nombre des délits qu'elle dénonce à notre sévérité, nous comptons plus d'égaremens que de forfaits; pourquoi, dans toutes les circonstances où la loi livre le magistrat à ses propres lumieres, où, du moins, elle ne lui offre que des difficultés & des doutes? pourquoi lui seroit-il défendu d'écouter la voix douce & paisible de l'humanité, Au lieu de se livrer à des commentaires obscurs & à des conséquences incertaines, pourquoi ne s'occuperoit-il pas du soin de rétablir entre le châtiment & le crime, cette heureuse correspondance, sans laquelle les loix sont sans morale (1), & les citoyens sans liberté (2)? Ah! s'il

(1) Les loix sans morale, quand elles punissent par des peines semblables, des délits différens. De telles loix sont toujours dangereuses, parce que, confondant trop souvent la faute avec le crime, elles trompent la conscience du malheureux, & l'abandonnent à une indifférence funeste, qui lui fait envisager du même œil, des actions qu'elles n'ont pas distinguées.

(2) La liberté philosophique consiste dans l'exercice de sa volonté, ou du moins, s'il faut parler dans tous les systêmes, dans l'opinion où l'on est que l'on exerce sa volonté. La liberté politique

chérit les hommes, laiſſera-t-il échapper une occaſion ſi précieuſe de contribuer à leur bonheur; & quelque foibles que ſoient les efforts de la raiſon contre la tyrannie de l'uſage & du préjugé; que ne doit-on pas ſe promettre de ſon zele & de ſes connoiſſances?

Il eſt donc vrai, Meſſieurs, qu'il n'y a que l'amour de l'humanité, qui puiſſe faire acquérir au magiſtrat la ſcience néceſſaire pour juger les hommes; mais il eſt des erreurs dont la ſcience ne préſerve pas, & je vais prouver encore qu'il n'y a que l'amour de l'humanité, qui puiſſe les detruire.

1.° La cauſe la plus univerſelle des erreurs de l'eſprit humain, eſt la prévention: penchant d'autant plus funeſte qu'il tient de plus près à la nature, & que la ſageſſe

---

conſiſte dans la ſûreté, ou du moins dans l'opinion qu'on a de ſa ſûreté. Cette ſûreté n'eſt jamais plus attaquée que dans les accuſations pûbliques ou privées; c'eſt donc de la bonté des loix criminelles, que dépend principalement la liberté du citoyen....

C'eſt le triomphe de la liberté, lorſque les loix criminelles tirent chaque peine de la nature particuliere du crime; tout l'arbitraire en eſt ôté. La peine ne dépend point du caprice du légiſlateur, mais de la choſe même, & ce n'eſt point l'homme qui fait violence à l'homme. *Eſp. des loix*, l. XII, ch. 11.

humaine, qui peut le modérer, tenteroit inutilement de le détruire.

L'indifférence eſt un état pénible pour l'homme. Né pour jouir, il eſt dans une ſituation forcée, tant qu'aucun objet ne le détermine. Peut-être même n'eſt-il pas poſſible qu'il exiſte un moment ſans aimer ou haïr; peut-être que cette incertitude, qui l'arrête quelquefois malgré lui, n'eſt que l'effet des déterminations rapides, mais foibles, que la haine & l'amour produiſent ſucceſſivement dans ſon ame.

Ce qu'il y a de certain, c'eſt que tout ce qui tend à multiplier ſes doutes, ou à perpétuer ſon indéciſion, coûte à ſon eſprit comme à ſon cœur. L'attention qui enviſage ſon objet ſous chacune de ſes faces; la réflexion qui ne ſe permet pas un jugement dont elle n'ait apperçu les conſéquences; cette raiſon ſévere qui délibere avant que de choiſir, & qui ne fait un choix qu'après en avoir apprécié les motifs; toutes ces qualités ſont plus rares qu'on ne penſe; & le plus ſage des hommes n'eſt ſans doute pas celui qu'une premiere impreſſion ne détermine jamais, mais celui ſeulement qui, une fois déterminé, eſt encore aſſez maître de ſes penchans pour obéir, s'il le faut, à une détermination contraire.

Ne ſoyons donc pas ſurpris, Meſſieurs,

de cette foule d'aſſertions téméraires, qui, dans la ſociété, échappent tous les jours à notre impatience; & ſans prétendre à une perfection qui n'eſt pas dans la nature, réſervons toutes les forces de notre ame pour ces triſtes occaſions où, juges ſouverains de la vie & de la mort, nous balançons ſur des têtes coupables le glaive qui nous eſt confié.

Etrange condition de la vérité parmi les hommes! pourquoi faut-il que ceux à qui il importe le plus de la connoître, ſoient, comme les autres, ſoumis à l'empire de l'erreur & du préjugé! Vainement voudrois-je le diſſimuler ici : ailleurs la prévention n'eſt preſque jamais qu'une foibleſſe; dans le ſanctuaire des loix elle eſt toujours un crime, & de tous les crimes, c'eſt le plus facile à commettre.

J'allois découvrir les piéges de la prévention: vous l'euſſiez vue s'unir à toutes les vertus pour les corrompre toutes; égarer l'homme juſte, tromper l'homme ſévere, ſéduire l'homme ſenſible : j'allois obſerver ſes progrès; vous l'euſſiez vue changeant comme nos eſprits, variant comme nos goûts, comme nos humeurs; ſe teindre, ſi je puis m'exprimer ainſi, des couleurs particulieres à chaque caractere, & les porter enſuite ſur les objets

pour les défigurer à son gré : j'allois déplorer ses suites ; vous l'eussiez vue environner, comme à regret, une tête innocente de toutes les apparences de l'iniquité, & justifier ainsi, à force de vraisemblance & de vertu, le choix de ses malheureuses victimes. Mais le seul genre de prévention, sur lequel je veuille insister ici, parce qu'il n'en est aucun dont nous cherchions moins à nous défendre, c'est cet amour pour l'extraordinaire, qui nous porte à croire tout ce qui s'éloigne de l'ordre commun des événemens & des mœurs.

Ne pensez pas, Messieurs, que ce soit là un de ces penchans grossiers, une de ces passions populaires, dont la seule dignité du magistrat puisse le garantir. S'il falloit chercher ailleurs que dans le cœur humain des preuves d'une vérité trop certaine, qu'avoient-ils fait ces hommes que l'erreur a tant de fois immolés sur les autels de la justice ? Ouvrons les annales de la jurisprudence criminelle, rappelons les différens genres d'accusations, qui ont égaré leurs juges : c'est un ami qui, par un vol honteux, trahit la confiance de son ami (1) ; c'est un serviteur long-temps fidele, qui, sur la fin de sa carriere, assassine son maî-

(1) Langlade.

tre(1); c'est un pere tendre qui égorge ses enfans(2); c'est un fils respectueux qui attente aux jours de sa mere (3); c'est un jeune homme sage, qui devenu subitement le plus emporté des scélérats, termine par un coup de poignard les plaisirs affreux qu'il vient de goûter avec le malheureux objet de sa passion (4). Toujours des délits imprévus, ou des forfaits qui font frémir l'humanité; comme si notre crédulité barbare n'attendoit, pour s'exercer, que ces occasions terribles, où l'on ne peut admettre l'existence du crime sans outrager la nature !

Seroit-il donc vrai qu'il existe au fond de nos cœurs une disposition à croire le mal, contre laquelle toute notre raison est impuissante? Serions-nous méchans? Non, messieurs; mais nous sommes foibles.

L'homme qui soupire sans cesse après le repos, redoute tout ce qui l'en approche : des sensations trop uniformes émoussent ses organes; une succession d'objets semblables lui déplaît. Avide de tout ce qui peut produire dans son ame le plaisir de la surprise, il recherche avec un empressement puéril des objets qui le

(1) Lebrun.

(2) Calas, Sirvin.

(3) Montbailli.

(4) La malheureuse affaire des P....

frappent, des spectacles qui l'étonnent, des sensations qu'il n'a pas encore éprouvées. Que dans un de ces momens d'ennui, que l'absence des passions fait naître, on lui annonce un événement singulier; il le croira, parce qu'il est fatigué de ne pas agir, parce qu'il a besoin d'être ému; & si cet événement étoit un crime, il le croiroit plus facilement encore, parce qu'il éprouveroit une émotion plus forte & moins passagere (1).

Ainsi, notre crédulité est, pour ainsi dire, l'ouvrage de la nature. Avec une ame qui a des besoins, une imagination qui se tourmente pour les satisfaire, il n'est pas d'opinion que nous ne soyons capables d'adopter, pas de préjugé qui ne puisse convenir quelquefois à notre foiblesse. Gardons-nous donc d'écouter cette raison orgueilleuse, qui, paroissant posséder la sagesse avec une espece d'empire, ose se croire inaccessible aux erreurs du vulgaire. Hélas! notre amour-propre ne daigne pas

(1) L'expérience nous apprend que la paresse est naturelle à l'homme; qu'il gravite sans cesse vers le repos, comme les corps vers un centre; qu'attiré sans cesse vers ce centre, il s'y tiendroit fixement attaché, s'il n'en étoit à chaque instant repoussé par deux sortes de forces qui lui sont communiquées; l'une par les passions fortes, l'autre par la haine de l'ennui. Helvetius, *De l'esprit*.

toujours nous égarer avec fineſſe; l'illuſion, qui nous plaît, n'eſt preſque jamais celle qui auroit dû nous ſéduire; & lorſque le menſonge nous échappe, quand la vérité peſe ſur notre conſcience détrompée, il eſt bien rare que nous n'ayons à rougir des motifs ſecrets qui ont déterminé nos jugemens.

Que l'amour éclairé des hommes ſoit la premiere paſſion du magiſtrat; & la prévention ne fera pour l'entraîner que des efforts impuiſſans. Si le magiſtrat, qui chérit les hommes, ſouffre à l'aſpect d'un accuſé; s'il eſt déja ſi pénible pour lui de punir un coupable, pourroit-il s'expoſer, par une précipitation dangereuſe, à condamner un innocent? Que l'opinion publique lui dénonce un crime extraordinaire; que les citoyens effrayés déſignent leur victime; que la vertu même murmure de ce qu'elle n'eſt pas vengée : attentif à meſurer la vraiſemblance ſur la nature, vous le verrez douter encore au milieu de la conviction générale, ſolliciter des preuves lorſque le peuple a prononcé, & tandis peut être qu'on accuſe ſon indifférences, ſe livrer à des recherches difficiles pour juſtifier l'humanité d'un délit qui la déshonore.

2°. Une ſeconde ſource d'erreurs, non moins fatale que la prévention, c'eſt l'acception des personnes. La loi nous dit en vain que tous les hommes sont égaux à ses yeux; en vain elle nous les présente dépouillés de ces prérogatives frivoles qui les distinguent dans la société. L'habitude est en nous plus forte que la loi; soit pitié, soit foiblesse, ce n'est qu'avec une espece d'effroi, que nous voyons approcher des tribunaux de la justice, ces hommes que leur condition sembloit devoir soustraire à sa sévérité. Quelle que soit leur humiliation présente, de quelqu'infamie que le crime les ait couverts, nous ne pouvons les séparer de leur fortune; l'opinion publique les protege, encore jusques dans le sanctuaire des loix; & si elle n'y déploie qu'une vaine autorité, si la sagesse du magistrat résiste à son empire, au moins lui inspire-t-elle, comme malgré lui, cette prudence inquiete & timide, qui, aprés avoir balancé avec une circonspection délicate les divers motifs de ses jugemens, redoute encore d'en appercevoir le résultat.

Que le sort du pauvre est différent! Comme en tout il est cruellement distingué du riche! C'est avec lui qu'on s'applaudit d'être sévere; c'est contre lui que, pour mieux entendre la voix de la justice, on se rend inaccessible & sourd à celle de la pitié; c'est pour lui sur-tout que sont faites ces formalités odieuſes, contre leſquelles l'humanité réclame depuis ſi long-temps. Semblable à ces fantômes importuns, qui aſſiégent les tombeaux, la loi le fatigue & le menace ſans ceſſe. Dès qu'un crime eſt dénoncé, il devient le premier objet de ſes ſoupçons; ſon bras de fer le ſaiſit, & le malheureux, arraché avec effort du ſein de la ſociété, va dans le ſilence des cachots attendre qu'une juſtification tardive le rende à ſa famille, ou qu'une condamnation plus tardive encore, fixe les derniers inſtans de la mort lente & funeſte dont il eſt chaque jour la victime.

Si l'infortuné pouvoit répondre, ſi l'abjection de ſon état n'avoit pas mis le frein du reſpect & de la honte ſur ſa langue, « Qu'ai-je fait, diroit-il, pour mériter un » traitement ſi barbare? On me ſoupçonne. » Ah! il n'eſt que trop vrai que le pau» vre, toujours avili, toujours mépriſé, » devient aiſément vil & mépriſable. Ce » n'eſt pas dans un cœur flétri par l'ad» verſité, que ſe développe ſans obſtacle » l'amour ſacré de la vertu; l'indulgence » détruit toutes les forces de l'ame; & » tel eſt, je le ſais bien, ſon funeſte par» tage, que c'eſt en quelque ſorte lui ren» dre juſtice, que de croire difficilement » à ſes mœurs. Mais, quand je ſerois cou-

» pable, mon crime n'eſt-il donc pas celui
» de la fortune? Vous voulez que je reſ-
» pecte les loix de la ſociété; qu'a-t-elle
» fait pour moi, cette ſociété qui ſe venge
» ſi cruellement aujourd'hui? La haine du
» vice eſt facile ſans doute à ceux qui,
» dans des conditions plus heureuſes, n'ont
» point à redouter les conſeils affreux de
» la néceſſité; mais moi que l'opinion pu-
» blique avilit, moi que le riche écraſe
» du poids de ſa fortune, preſſé ſans ceſſe
» entre le beſoin & le crime, hélas! quelle
» autre liberté me reſte-t-il encore que
» le choix des forfaits? Oh! mes Juges,
» vous êtes des hommes, daignez vous dé-
» pouiller un moment de la pourpre ho-
» norable qui vous diſtingue, oſez revêtir
» les dehors aviliſſans de l'indulgence, &
» dites-moi ſi ſous ce vêtement d'oppro-
» bre & d'ignominie, dites s'il eſt aiſé
» de chérir la vertu ».

Oui, Meſſieurs, s'il y avoit une diſtinction à faire entre l'homme & l'homme, elle devroit être toute à l'avantage du malheureux. Les loix n'ont-elles donc pas aſſez fait pour le riche, en protégeant ſon luxe, en veillant ſur ſes plaiſirs, en devenant en quelque ſorte les complices de ſes excès? Et le pauvre, parce qu'il eſt inhumainement dépouillé de tous les droits de l'humanité, parce qu'il ne lui reſte plus que ſa perſonne à défendre, doit-il être ſacrifié ſans ménagement à leur ſévérité ? Et ſi ſon ſacrifice eſt devenu néceſſaire, faut-il encore en augmenter l'amertume en l'immolant ſans regret ?

A Dieu ne plaiſe que je veuille diminuer ici la juſte horreur que le crime doit inſpirer au magiſtrat ! Mais s'il eſt vrai que les hommes ſoient plus foibles que méchans ; ſi les actions même les plus déréglées ſont moins des effets de l'eſprit qui combine, que du cœur qui s'égare, pourquoi les autels de la juſtice ne ſeroient-ils pas quelquefois arroſés de ſes pleurs ?

Pénétrez dans cette ame ſouillée de remords & de forfaits ; remontez à la ſource de ſes habitudes criminelles ; ſondez, ſi vous l'oſez, toute la profondeur de ſes attentats ; & vous verrez bientôt que ce monſtre, dont l'aſpect vous avoit épouvanté, mérite bien plus votre pitié que votre haine : & en apprenant de ſa bouche impure, qu'il ſeroit encore juſte s'il n'avoit été malheureux ; que ſon infamie toute entiere eſt l'ouvrage de ſes beſoins ; que la vertu murmure encore au fond d'un cœur dont le vice s'eſt emparé, vous gémirez peut-être ſur la ſévérité des devoirs que la loi vous impoſe ; peut-être vous plaindrez l'infortuné ſur la tête duquel vous allez faire tomber le glaive de ſes vengeances.

Non, je ne ſuis pas l'apologiſte du crime; mais je veux qu'on ne confonde jamais le crime avec le coupable; & c'eſt-là, j'oſe le dire, la ſeule diſtinction que les loix autoriſent. Ailleurs, les citoyens peuvent être plus riches ou plus pauvres, plus petits ou plus grands, plus puiſſans ou plus foibles. Dans le ſanctuaire des loix, toutes ces différences doivent diſparoître; l'homme reſte ſeul devant le magiſtrat; & ſi la loi le dépouille ſans ménagement de tout les droits de la ſociété, l'humanité, plus douce, lui rend en ce moment terrible tous ceux de la nature, & veut qu'il ſoit reſpecté juſques dans ſon ſupplice (1).

---

(1) La peine de mort dérive-t-elle du droit de punir? ou n'eſt-elle qu'un abus de ce droit?

Il ſeroit à deſirer, ſans doute, qu'elle ne fût jamais néceſſaire; mais on prouveroit difficilement que dans tous les cas elle eſt injuſte.

La ſouveraineté, dit le marquis de Beccaria, n'eſt autre choſe que la ſomme de toutes les portions de liberté les plus petites qu'ait voulu céder chaque individu : or, perſonne n'a voulu céder au ſouverain le droit de lui ôter la vie; le ſouverain ne peut donc jouir de ce droit.

Perſonne, j'en conviens, n'a voulu céder au ſouverain le droit de lui ôter la vie; mais il faut conſidérer la ſociéte comme un individu moral, qui exerce les mêmes droits que les individus phyſiques qui la compoſent; or un particulier peut ôter la

3.° Enfin, Meſſieurs, le troiſieme & le plus dangereux de tous les vices dont le magiſtrat ait à ſe garantir, c'eſt l'habitude de juger les hommes. L'habitude de juger les hommes! Seroit-il bien poſſible que la vue d'un accuſé dans les fers ceſsât d'être pour nous le plus terrible comme

---

vie à ſon ennemi, ſi la perte de cet ennemi importe à ſa conſervation; la ſociété peut donc également punir de mort un de ſes membres, ſi la perte de ce membre importe au ſalut de tous les autres.

Mais les principes à cet égard ne peuvent être les mêmes dans tous les gouvernemens; plus les liens qui nous attachent au corps ſocial ſont puiſſans & nombreux, & moins il eſt beſoin d'avoir recours aux dernieres vengeances des loix pour réprimer les crimes. A Rome, on accordoit au citoyen accuſé la liberté de s'exiler avant le jugement; mourir étoit une peine, mais vivre ſans être Romain en étoit une auſſi; & chez ce peuple généreux, on avoit une ſi haute idée de la patrie, qu'il n'étoit pas aiſé de faire un choix entre le banniſſement & la mort.

Une pareille loi, ſi elle étoit adoptée dans un état deſpotique, ouvriroit la porte à tous les excès. Qu'importe à l'eſclave la perte d'une patrie à laquelle il n'eſt attaché que par des fers? & qu'eſt-ce qu'un exil qui le met en poſſeſſion de la liberté?

Au reſte, plus on réfléchira ſur les différences qui exiſtent entre les divers genres de gouvernement, & plus on ſe convaincra que la conſtitution la plus libre eſt auſſi celle qui s'accorde le mieux avec les loix de la morale & de l'humanité.

le plus nouveau de tous les ſpectacles! Quoi! tandis que l'infortuné tremble aux pieds des autels où il apperçoit déja les funeſtes apprêts de ſon ſacrifice; lorſque d'une main défaillante il s'efforce d'écarter le voile de la mort qui ſe déploie ſur ſa tête; témoins de ſes regrets, de ſon déſeſpoir, de ſes larmes, nous pourrions demeurer inſenſibles, & la fatale habitube de voir des malheureux étoufferoit en nous juſqu'à cette pitié naturelle à laquelle tout être ſouffrant a des droits!

Oſons le dire, Meſſieurs, ſans doute que la premiere fois que nous avons ſouſcrits à la condamnation d'un accuſé, nous n'avons pu nous empêcher de gémir ſur la rigueur des obligations que la juſtice impoſe au magiſtrat; mille réflexions ameres ont aſſiégé notre raiſon; mille ſentimens cruels ont déchiré notre ame. Surpris de nous trouver ſi ſenſibles, nous blâmions en ſecret notre foibleſſe; & ce ne fut pas ſans un effort puiſſant ſur nous-mêmes, que nous pûmes nous déterminer à condamner un coupable. Mais toutes les fois que ces ſcenes affreuſes ſe ſont renouvellées, avons-nous éprouvé la même émotion? La triſte uniformité des crimes que nous avions à punir, n'a-t-elle pas inſenſiblement effacé nos premiers ſentimens? Nous-mêmes, pour acquérir cette eſpece d'impaſſibilité qu'exige la loi, n'avons-nous pas cherché, par une précaution téméraire, à nous dépouiller des reſtes d'une ſenſibilité qu'elle ne connoît pas, & que nous croyons fauſſement être indigne de ſes miniſtres?

Et dès-lors, Meſſieurs, de combien de préjugés cette habitude criminelle n'a-t-elle pas été la ſource? Parce que dans un accuſé nous n'avons conſtamment découvert qu'un coupable, ne nous ſommes-nous pas accoutumés à n'y plus voir un innocent? Parce que dans les mêmes conditions nous n'avons preſque toujours rencontré que les mêmes crimes, la maniere dont un homme exiſte dans la ſociété n'a-t-elle pas été quelquefois le premier motif de ſa condamnation? Pour nous ſouſtraire à l'ennui d'un examen trop ſévere, n'avons-nous pas ſubſtitué ſecrétement à l'obſervation exacte & détaillée des faits, certaines maximes générales, qui ſont devenues comme les principes invariables de nos jugemens, & les regles infaillibles de notre juriſprudence? Ces maximes fortifiées par un long uſage, n'ont-elles pas affoibli, comme par degrés, cette raiſon délicate & ſenſible que le crime ne pouvoit ſurprendre, mais qui ſavoit ſi bien ſoupçonner l'innocence?

Hélas! nous donnons des larmes à la mémoire de ces infortunés, qui, victimes de la prévention ou de l'imposture, ont terminé par une mort honteuse une vie consacrée toute entiere à la vertu ; l'injustice évidente de leur condamnation les a rendus malheureusement célebres, & leurs noms, gravés en caracteres de sang dans les annales de la magistature, y déposent hautement contre l'imperfection des loix & l'imprudence de leurs ministres. Mais sont-ce là les seules erreurs que nous ayons à déplorer? Combien de malheureux qu'une indifférence coupable a livrés à toute la sévérité des loix, & qui méritoient peut-être toute leur indulgence! Combien qui, dans les horreurs d'une mort lente & cruelle, ont expié des crimes qu'une peine moins rigoureuse auroit suffisamment effacés! Eh! ne sont-ce pas là des meurtres? Et parce qu'ils n'ont eu que d'obscures destinées, parce qu'un vil tombeau couvre aujourd'hui leurs, cendres, les auteurs de leurs supplices peuvent-ils se croire innocens? & des regrets eternels ne sont-ils pas trop foibles pour venger l'humanité des suites irréparables de leurs attentats (1)?

(1) On a observé, & il est aisé de s'en convaincre par les régistres des tribunaux, que dans le même espace de temps & à peu près dans les mêmes circonstances données, les exécutions à mort ont été

Ne nous livrons pas d'avantage aux réflexions ameres que ce ſujet nous inſpire; mais, ſi vous aimez l'humanité, ſi vous ne voulez pas qu'elle ait encore à gémir ſur de nouveaux forfaits, miniſtres des loix, n'approchez qu'en tremblant de ces demeures redoutables, où les fers préparés pour le crime, ont ſi ſouvent enchaîné l'innocence; & lorſqu'une fatale néceſſité vous forcera d'y deſcendre, dites-vous à vous-mêmes : « Homme foible, tu vas juger » un homme! Toi que l'opinion égare » tous les jours, que le ſouffle des plus » légeres paſſions entraîne, que la ſageſſe » même peut ſéduire, veux-tu qu'en ce » moment terrible l'erreur reſpecte ter arrêts? Laiſſe-là ta raiſon, ton expérience, » tes maximes : ſonge ſeulement que c'eſt » un homme que tu vas comdamner; que » cet homme eſt peut-être innocent aujour-

moins nombreuſes ſous tel lieutenant-criminel que ſous tel autre. On a dit encore à la louange de M. d'Agueſſeau, que, quoiqu'il ait exercé les fonctions de procureur-général dans des circonſtances difficiles, ſous ſon miniſtere cependant, le nombre des accuſés condamnés au dernier ſupplice a été moins conſidérable que ſous le miniſtere de la plupart de ſes prédéceſſeurs. Que conclure de ces faits? Que nos loix ſont bien imparfaites, puiſque l'opinion du magiſtrat peut influer à tel point ſur leur douceur ou leur ſévérité.

» d'hui ſous les dehors aviliſſans du crime, » demain peut le revêtir de tous les caracteres de la vertu; ſonge encore que ſi la » patrie n'eſt plus, comme autrefois, le témoin redoutable de tes jugemens, les » ombres des Calas, des le Brun, des » Montbailli, t'environnent; qu'ils vont » ſiéger avec toi ſur ce tribunal de ſang, » du haut duquel tu marques tes victimes; » qu'au même inſtant où ta bouche prononcera un oracle impoſteur, ils te couvriront de toute l'ignominie des ſiecles; que les larmes que tu pourras répandre n'effaceront jamais ni ta honte » ni ton crime; que l'innocence opprimée gémira ſans ceſſe au fond de ton » cœur; qu'elle te pourſuivra juſques dans » la nuit du tombeau; qu'elle veillera ſur » ta cendre, & que la fin de ta vie ne » ſera pas le terme de ton ſupplice! »

Si ce ſont-là nos ſentimens, Meſſieurs, ſi telles ſont les idées qui nous occupent toutes les fois que nous ſommes appellés au jugement d'un coupable, quoique puiſſent ſur nous la prévention, l'erreur ou l'habitude (1), redoutons peu leurs pié-

---

(1) Je ne peux m'empêcher, en finiſſant, de faire remarquer, que le meilleur moyen de prévenir les erreurs auxquelles l'habitude de juger peut donner lieu, eſt encore la publicité des jugemens.

ges ; le génie de l'humanité veillera lui-même à l'entrée du ſanctuaire de la juſtice, & d'affreux ſacrifices ne déshonoreront pas ſes autels.

Il y a cette différence entre nos penchans naturels & les penchans que nous devons à la ſociété, que ceux-ci naiſſent de la réflexion, & que les autres ont un rapport plus immédiat avec nos ſens. Le ſpectacle de la douleur arrache des larmes ; & pour éprouver un ſentiment de pitié, il ne faut quelquefois que ſe trouver à côté d'un homme que ce ſentiment agite.

Voyez ce juge interroger en ſecret un accuſé ; il n'eſt pas ému : vengeur de la ſociété, il cherche un crime, & il a tant vu de coupables, qu'il n'a plus de larmes à donner à leur deſtinée. Mais ouvrez les portes du ſanctuaire de la juſtice, que l'accuſé ait la liberté de ſe défendre en préſence de ſes concitoyens, de ſa famille ; comme l'intérêt qu'il inſpire va ſe communiquer & s'étendre ! comme l'attention eſt active & inquiete ! que de circonſtances oubliées dans le ſecret d'un interrogatoire ſeront avidement ſaiſies ! que de mouvemens d'eſpérance & de crainte il va faire paſſer dans toutes les ames ! Et croyez-vous qu'au milieu de cette ſcene impoſante & terrible, tandis que des larmes d'attendriſſement & d'horreur coulent de tous les yeux, ſous les regards de ce peuple qui cherche à étudier ſur le viſage du magiſtrat les ſentimens auxquels il s'abandonne ; croyez-vous que le magiſtrat puiſſe demeurer inſenſible? Réſiſtera-t-il long-temps à l'émotion générale ? & ſera-t-il ſans pitié pour le coupable comme pour le crime ?

En Angleterre, où la loi est si favorable à l'accusé, ce n'est pas le juge qui examine s'il est coupable, mais les jurés, c'est-à-dire, des hommes choisis pour prononcer sur un seul fait, & dont les fonctions cessent avec l'examen du fait sur lequel ils doivent prononcer : tant on a redouté les erreurs dans lesquelles l'habitude de juger entraîne le magistrat !

FIN.

www.ingramcontent.com/pod-product-compliance
Lightning Source LLC
LaVergne TN
LVHW012010160826
845678LV00002B/751

* 9 7 8 2 3 2 9 6 6 0 9 8 1 *